KB189724

이 세상을
열정적으로 사랑하며

이 세상을 열정적으로 사랑하며

교회인가	2019년 5월 7일		
발행일	2019년 6월 26일		

지은이	성 호세마리아 에스크리바		
옮긴이	홍지영		
펴낸이	손형국		
펴낸곳	(주)북랩		
편집인	선일영	편집	오경진, 강대건, 최승헌, 최예은, 김경무
디자인	이현수, 김민하, 한수희, 김윤주, 허지혜	제작	박기성, 황동현, 구성우, 장홍석
마케팅	김회란, 박진관, 조하라		
출판등록	2004. 12. 1(제2012-000051호)		
주소	서울시 금천구 가산디지털 1로 168, 우림라이온스밸리 B동 B113, 114호		
홈페이지	www.book.co.kr		
전화번호	(02)2026-5777	팩스	(02)2026-5747

ISBN	979-11-6299-703-1 03230 (종이책)	979-11-6299-704-8 05230 (전자책)

Amar al mundo apasionadamente by Saint Josemaria Escriva de Balaguer
Copyright ⓒ by Studium Foundation

호세마리아 성인의 이 세상을 열정으로 사랑하며
Korean Copyright ⓒ by 동아시아국제교류재단(East Asia International Exchange Foundation)

이 도서의 국립중앙도서관 출판예정도서목록(CIP)은 서지정보유통지원시스템 홈페이지(http://seoji.nl.go.kr)와
국가자료공동목록시스템(http://www.nl.go.kr/kolisnet)에서 이용하실 수 있습니다.
(CIP제어번호: CIP2019021236)

성 호세마리아 에스크리바 강론

이 세상을
열정적으로 사랑하며

성 호세마리아 에스크리바 지음 | 홍지영 옮김

*Amar al mundo
apasionadamente*

북랩 book Lab

목차

강론

성 호세마리아 에스크리바

성령 강림 대축일 후 제21주일 미사

1967년 10월 8일 스페인, 팜플로나

성령 강림 후 제21주일에 해당하는 거룩한 성경 말씀 중 두 구절을 들으셨습니다. 하느님의 말씀을 듣는다는 것만으로도 여러분들은 제가 드리는 말씀을 통해서 제가 원하는 분위기에 들어간다고 할 수가 있습니다.

거룩한 교회 안에서, 또한 하느님의 자녀들의 가족 앞에서 선포되는 이 말씀은 하느님의 위대하심과 자비를 드러내는, 초자연적인 말씀입니다.

또한 오늘 이곳, 나바라 대학교 캠퍼스에서 봉헌되는 경이로운 성체성사를 합당하게 거행할 수 있도록 여러분을 준비시키는 말씀입니다.

지금 방금 드린 말씀을 진지하게 생각해 보십시오.

우리는 주님의 몸과 피의 성사적인 희생인 성체성사에 참여하고 있습니다. 이 성사는 그리스도교의 모든 신비와 연결되는 믿음의 신비입니다.

그러므로 우리는 하느님의 은총으로, 인간이 일생 동안 할 수 있는 것 중 가장 거룩하고 탁월한 일을 하는 것입니다.

주님의 몸과 피를 받아 모신다는 것은 어떤 면에서는 하늘나라, 곧 그리스도께서 친히 우리의 눈에서 모든 눈물을 닦아 주실 곳, 이전 것들이 사라져 버렸기 때문에 다시는 죽음이 없고 다시는 슬픔도 울부짖음도 괴로움도 없을 그곳(묵시 21,4 참조)에서 하느님과 함께 있기 위하여 이 땅과 이 시간의 굴레에서 벗어나는 것과 같습니다.

하지만 이 의미 있고 위안이 되는 사실, 곧 신학자들이 '성체성사의 종말론적 의미'라고 부르는 것이 어쩌면 잘못 이해될 수도 있습니다. 그리고 실제로 사람들이 그리스도인의 삶을 단지 '영적인 것', 지상에 사는 동안 세상의 경멸스러운[나쁜] 것들에 거리를 두고 살아가는 사람들, 혹은 기껏해야 영혼에 꼭 필요한 것 정도만 용인하는 순수하고 특별한 사람들에게만 어울리는 것으로 소개하려고 할 때마다 그런 오해가 생기곤 했습니다.

그리스도인의 삶을 이렇게 바라본다면, 성당이 그리스도인의 삶에서 가장 훌륭한 장소가 됩니다. 그리고 그리스도인이라는 것은 곧 성당에 가는 것, 성사에 참여하는 것, 교회의 일에 연루되는 것을 의미하게 됩니다. 평범한 세상이 제 갈 길을 가는 동안, 천국의 대기실로 여겨지는 일종의 분리된 세상에서 말입니다. 그렇게 된다면 교회의 가르침과 은총의 삶은 격동적인 인간의 역사와 결코 만나지 않고 그저 스쳐 지나가게 될 것입니다.

이 세상을 열정적으로 사랑하며

매일 생활에서
그리스도를 만남

Encounter Christ in Everyday Life

10월 아침, 주님의 파스카 잔치를 거행하는 이때, 우리는 이 그릇된 그리스도교 개념을 단호하게 거부해야 합니다. 오늘 우리가 주님께 감사드리는 이 미사성제의 장소를 잘 살펴보십시오, 우리는 지금 특별한 성당에 있습니다. 성당의 신자석은 이 캠퍼스이고 교회 바로 제단 뒤 장식은 이 대학교의 도서관이라고 볼 수 있습니다. 또, 저 멀리에는 새 건물들을 짓는 기계가 보이고, 위로는 이곳 나바라의 푸른 하늘을 볼 수 있습니다.

　　분명히 이 사실이 눈에 보이는, 그리고 잊을 수 없는 방식으로 여러분의 마음속에 일상생활이야말로 그리스도인으로서 살아가는 진정한 장소라는 확신을 줄 것입니다. 여러분이 일상적으로 하느님을 만나는 곳은 바로 여러분의 동료가 있고, 여러분의 갈망이 있고, 여러분의 일과 사랑이 있는 곳입니다. 그곳에서 여러분은 매일 그리스도를 만납니다. 우리가 하느님과 온 인류에 봉사하면서 우리 자신을 성화해야 할 장소는 바로 이 세상의 가장 물질적인 것들 한가운데라는 이야기입니다….

이 세상을 열정적으로 사랑하며

저는 성경 말씀을 인용하여 이를 계속해서 가르쳐 왔습니다. 이 세상은 주님의 손에서 나왔기에, 그분의 창조물이기 때문에 그 자체로 나쁜 것이 아닙니다. "하느님께서 보시니 좋았"기 때문입니다(창세 1,7에서 참조). 이 세상이 나쁘고 추하게 된 것은 우리 인간의 죄와 부정(不貞)으로 그렇게 된 것입니다. 여러분, 의심치 마십시오. 이 세상에서 사는 여러분이 어떤 방법으로든 일상생활에서 도망간다면, 그것은 분명히 하느님의 뜻에서 벗어나게 되는 것입니다.

일상에 계시는 하느님

God in the Ordinary

이와는 반대로, 하느님은 여러분을 인간사(人間事)의 일상적이고 물질적이며 세속적인 활동들 안에서, 그리고 그 활동으로부터 그분께 봉사하라고 부르고 계심을 깨달으셔야 합니다. 더욱 분명히 과학 연구실에서, 병원 수술실에서, 군대에서, 대학 강의에서, 공장에서, 작업장에서, 농장에서, 가정에서, 그리고 모든 일의 큰 파노라마에서 하느님께서는 매일 우리를 기다리고 계십니다. 잘 알아두십시오. 가장 일상적인 상황들 안에 거룩한 것과 신성한 것이 숨겨져 있습니다. 이것을 발견하느냐는 여러분에게 달려 있습니다.

저는 지난 30년대에, 대학생과 노동자 청년에게 영성 생활을 '물질적으로' 만들어야 한다고 가르치곤 했습니다. 이것은 그때나 지금이나 있을 수 있는 이중생활의 유혹에서 보호하려 한 것이지요. 하느님과 관계 맺는 내적 생활을 하고, 또 다른 쪽으로는 세속적인 일이 가득한 직업 생활, 사회생활, 가정생활을 하면서 둘을 분리하고 구분하려는 이중생활 말입니다.

안 됩니다, 여러분! 우리들은 이와 같은 이중적인 삶을 살아서는 안 됩니다. 그리스도인이 되고자 한다면 이러한 조현병 환자와 같은 생활을 하면 안 됩니다. 육체와 영혼으로 이루어진 단 하나의 삶이 있을 뿐입니다. 그리고 이 하나의 삶이, 영육 안에 모두, 하느님으로 가득 채워져 거룩해져야 합니다. 우리는 보이지 않는 하느님을 가장 분명히 보이고 가장 물질적인 것들 안에서 찾을 수 있습니다.

다른 길은 없습니다. 우리가 평범한 일상생활 안에서 주님을 발견하지 못한다면 결코 그분을 발견할 수 없기 때문입니다. 그래서 우리 세대가 물질과 하찮게 보이는 상황에서 고귀한 본래의 의미를 되찾아야 한다고 말할 수 있는 것입니다. 그래서 그것이 물질과 사소한 상황들을 하느님의 나라를 섬기는 것에 도움이 되게 하고, 그것들을 영적으로 만들고, 우리 주 예수 그리스도와 꾸준히 만날 기회와 방법이 되게끔 해야 합니다.

그리스도교적
물질주의

Christian Materialism

육신의 부활을 믿는 진정한 그리스도교적 의미는 유물론이라고 판단되는 위험을 가지고도 항상 성자 하느님이신 예수 그리스도께서 인간이 되신 것을 거부하는 관념에 반대했습니다. 그래서 우리는 마땅히, 영적인 것에 닫힌 유물론에 뚜렷하게 반대되는 '그리스도교적 유물론'이 있다고 말할 수 있는 것입니다.

초기 그리스도인들이 사람이 되신 말씀의 발자국이라고 일컫던 일곱 성사가 바로 하느님께서 우리를 거룩한 삶에 이르게 하고 천국에 올라갈 수 있게 하기 위하여 이 길을 택하셨음을 보여 주는 가장 명백한 표징이 아니겠습니까? 하나하나의 성사가 물질적인 방법으로 우리에게 주어지는, 창조와 구원의 힘을 가진, 하느님의 사랑인 것을 볼 수 있지 않습니까? 지금 다가오는 성체성사가, 초라한 이 세상의 물질(빵과 포도주)을 통하여, 최근의 공의회가 상기했다시피 "인간의 손으로 가꾼 자연 요소들(현대 세계의 교회에 관한 사목 헌장「기쁨과 희망」38항 참조)"을 통하여 봉헌되어 우리 구원자의 경애하올 몸과 피가 되는 것이 아니겠습니까?

이 세상을 열정적으로 사랑하며

바오로 사도께서 "세상도 생명도 죽음도, 현재도 미래도 다 여러분의 것입니다. 그리고 여러분은 그리스도의 것이고 그리스도는 하느님의 것입니다(1코린 3,23)."라고 하신 것을 이해할 수 있습니다. 바로 우리의 마음속에 계신 성령께서, 땅에서부터 주님의 영광까지 솟아오르는 움직임을 일으키기를 원하신 것입니다. 또한 사도 바오로는 이 움직임에 모든 것이, 심지어 가장 흔해 보이는 것들까지도 포함된다는 것을 명백히 밝히기 위해 "먹든지 마시든지, 그리고 무슨 일을 하든지 모든 것을 하느님의 영광을 위하여 하십시오(1코린 10,31)."라고도 썼습니다.

아시다시피 성경의 바로 이 가르침이 오푸스데이의 정신의 핵심입니다. 이 가르침을 따르신다면 여러분들이 완전한 정신으로 일터에서 생활하고, 일상에서 작은 일들에 사랑을 불어넣음으로써 하느님과 온 인류를 사랑할 수 있을 것입니다. 또 사소한 일들에 숨어 있는 거룩한 것들을 발견할 수 있을 것입니다. 카스티야의 한 시인이 썼던 시구 한마디가 이에 잘 맞는 것 같습니다. "천천히, 필기를 하면서, 일을 잘하는 것이, 일을 하는 것보다 더 중요하다(안토니오 마차도, 시집 161)."

평이한 글로 쓰는
영웅적 서사시

Heroic Verse Out of Prose

여러분, 한 신자가 매일의 가장 작은 일을 사랑으로 행할 때, 바로 그곳에서 초월적인 하느님이 계신다는 것을 저는 확신합니다. 그래서 수없이 여러분에게, 그리스도인의 성소가 매일의 평범한 산문을 굉장한 시구로 만드는 것이라고, 여러 번 망치를 두드리듯이 반복하여 말을 했던 것입니다. 저 멀리 보이는 지평선에서 하늘과 땅이 하나가 되는 것처럼 보입니다. 하지만 진정으로 하늘과 땅이 만나는 곳은 평소의 일들을 거룩한 지향으로 행할 때의 여러분 마음속입니다.

여러분의 일상생활을 성화하십시오. 이것이 여러분이 그리스도인으로서 해야 할 모든 임무라고 할 수 있습니다. 잘못된 꿈과 거짓의 이상주의나, 환상을 버리십시오. 제가 '만약 신비주의'라고 이름 지었던 행동과 생각들, 즉 '만약 내가 결혼하지 않았다면…', '만약 내가 다른 직업을 가졌었다면…', '만약 내가 더 건강했다면…', '젊었다면…', '나이 들었다면…'이라는 모든 생각을 버리십시오. 그 대신 눈앞에 있는 물질적이고 직접적인 현실에 집중하십시오. 거기에 우리 주님이 계시기 때문입니다.

이 세상을 열정적으로 사랑하며

부활하신 예수님께서 말씀하셨습니다. "내 손과 발을 보아라. 바로 나다. 나를 만져 보아라. 유령은 살과 뼈가 없지만, 나는 너희도 보다시피 살과 뼈가 있다(루카 24,39)."

이 세상을 열정적으로 사랑하며

평신도의
청원

Lay Outlook

여러분이 참여하는 수없이 많은 세상의 일을 이 진리의 빛으로 이해할 수 있습니다. 한 나라의 국민으로서 활동을 생각해 보십시오. 성당뿐만이 아니라 이 모든 세상이 그리스도를 만나는 곳이라는 것을 아는 사람은 이 세상을 사랑하고, 지적으로, 직업적으로 적절하게 되려 노력합니다. 그 사람은 완전한 자유를 가지고, 이 세상의 문제에 대한 개인의 식견을 가지고 결정을 내리게 됩니다. 그리스도인의 결정은, 작든 크든 삶에서 일어나는 모든 일 안에서 하느님의 뜻을 알아보려고 매우 겸손되어 노력하는 개인의 성찰로부터 나오는 것입니다.

그러나 그러한 신자는 결코 자신이 교회를 대표해서 성당에서 이 세상으로 내려왔다고 믿거나 말하지 않습니다. 자신의 결정이 문제에 대한 "가톨릭적 결정"이라고 말하지도 않습니다. 그러한 것들은 결코 인정할 수 없습니다. 그러한 생각은 '성직주의'이고 잘못된 '공식적인 가톨릭'적인 생각이라 할 수 있습니다. 어떤 이름을 붙이건 좌우간, 사실의 본성을 왜곡하게 되는 것입니다. 모든 곳에서 올바른 '평신도 정신'을 전해야 합니다. 이 정신은 세 가지 결과를 낳습니다.

첫째, 매우 정직해짐으로써 각자의 책임을 가지고 행동하게 됩니다. 둘째, 충분히 '그리스도교적'이 되어, 자유롭게 생각을 나눌 수 있는 문제에 대하여 우리 각자가 갖고 있는 생각과는 다른 의견을 내놓는 교우들을 존중하게 됩니다. 셋째, 충분히 '가톨릭적'이 되어, 인간적 갈등에 어머니이신 교회를 이용하지 않게 됩니다.

하느님의 모상으로 창조된 인간의 존엄성에서 비롯된 자유, 교회가 기꺼이 인정하는 그 자유를 누리지 않는다면 결코 일상생활을 성화할 수 없을 것입니다. 개인적 자유는 그리스도교의 생활에 본질적인 것입니다. 하지만 제가 말하는 자유는 책임을 동반하는 자유라는 것을 잊지 마십시오.

책임 있는
자유

Responsible Freedom

이 말씀을 위급한 때만이 아니라 매일 여러분들의 권리를 행사하셔야 된다는 초대로 받아들이셔야 합니다. 이는 또한 한 국가의 시민으로서의 의무를 훌륭하게 이행하라는 초대이기도 합니다. 정치 경제적인 일들, 학업과 직업 등 모든 분야에서 여러분의 자유로운 결정들로 인한 결과와 여러분 각자가 지니는 개인적 자립성의 결과를 용기 있게 받아들여야 합니다.

이러한 그리스도교적인 "평신도 정신"은 편협함이나 광신(狂信)을 멀리할 수 있게 합니다. 더 궁극적으로 말한다면 이러한 평신도 정신은 여러분이 동료 시민들과 평화롭게 지내도록 돕고, 이러한 이해와 조화를 사회생활의 모든 영역에서 장려할 수 있도록 도움을 줄 것입니다.

수년 전부터 같은 말을 해 왔기에 다시 한번 상기하지 않아도 되겠습니다. 시민으로서의 자유와 이해, 조화로운 삶에 대한 가르침은 오푸스데이가 전하는 메시지의 중요한 한 부분입니다.

이 세상을 열정적으로 사랑하며

단언컨대, 하느님의 사업 안에서 예수 그리스도께 봉사하려 하는 남녀들도 그저 다른 이들과 똑같은 시민들이며, 진지한 책임의식을 가지고 그리스도인으로서 각자의 소명을 살고자 하는 노력을 하는 사람들이라는 것을 다시 확언할 필요가 없습니다.

제 영적 자녀들은 다른 시민들과 결코 다를 게 없습니다. 이에 반하여, 같은 믿음을 제외하면 수도자들과는 같은 점이 없습니다. 저는 수도자들을 사랑하고 그들의 사도직, 그들의 수도 생활, 세속을 외면하여(contemptus mundi) 세속을 떠난, 그들의 삶을 존경하며 그들이 거룩한 성교회의 거룩함의 또 다른 표지라고 믿습니다.

하지만 제가 주님께 받은 성소는 수도자의 성소가 아니기 때문에, 제가 수도 성소를 원한다면 그것은 틀린 것입니다. 이 땅의 어떤 권위자도 저를 억지로 결혼하게 할 수 없듯이 어떤 권위자도 저에게 수도자가 되라고 강요할 수 없습니다. 저는 재속 사제입니다. 이 세상을 열정적으로 사랑하는 예수 그리스도의 사제입니다.

일을 통한
연대

Solidarity Through Work

이 죄인과 함께 예수님을 따르는 이들은 누구입니까? 서품을 받기 전에 평신도로서 세속의 직업에 종사했던 사제들이 조금 있습니다. 전 세계의 수많은 교구 사제들도 있는데, 이들은 각자의 주교님들에 대한 순명을 강화하고 각자의 교구 사목에 대한 사랑을 키우며 그것을 더욱 효율적으로 만드는 분들입니다. 그들은 항상 십자가 모양처럼 양팔을 벌리고 모든 영혼이 그들의 마음에서 휴식을 찾도록 하고, 저와 함께 그들이 사랑하는 이 바쁘고 평범한 세상 속에 살고 있습니다. 또한 다양한 배경(국가, 언어 인종)을 가진 많은 남녀가 저와 함께 예수님을 따르고 있습니다. 이들은 각자의 직업 안에서 살고 있습니다. 그들의 대부분은 결혼했고, 미혼인 이도 많습니다. 이들은 동료 시민과 함께 이 세상을 더욱 인간적이고 더욱 공정하게 만드는 중요한 일에 참여하고 있습니다.

이 세상을 열정적으로 사랑하며

이들은 한 사회 안에서 의무를 지키고 시민의 권리를 행사하면서, 책임의식을 갖고 동료들과 협력하여 일하며 매일의 숭고한 투쟁에서 동료들과 성공 및 실패를 함께하고 있습니다. 이들은 이 모든 것을 자연스럽게, 여느 성실한 신자들처럼, 엘리트 정신없이 해냅니다. 이들은 동료들에게 섞여 살면서 동시에 매일의 현실에서 가장 일상적인 일들에 나타나는 고귀한 하느님의 빛을 찾으려 하고 있는 것입니다.

　　또한 오푸스데이가 단체로서 장려하고 있는 일들도 이처럼 매우 현세적인 특징을 가질 수밖에 없습니다. 오푸스데이의 활동들은 교회의 공적인 사업이 아닙니다. 교회의 어떤 계층을 누리는 것도 아닙니다. 오푸스데이의 사업들은 복음의 빛에 자신을 비추어 보고자 하고, 자신 안에 그리스도의 사랑이 불타오르게 하려는 시민이 행하는 인간적, 문화적, 사회적 활동입니다. 일례로 오푸스데이에서는 "성령께서 양 떼의 감독으로 세우(사도 20,28)"신 주교님들께서 미래의 사제를 준비시키는 교구 신학교를 운영하지 않는다는 사실이 이를 분명하게 보여 줍니다.

현저하게
세속적

Eminently Secular

이에 반하여, 오푸스데이는 전 세계에서 산업 노동자들을 위한 기술 교육원, 농민들을 위한 농업 기술 교육원, 각급 학교 교육을 위한 센터들을 세우고 그 밖의 다양한 활동들을 장려하고 있습니다. 제가 수년 전에 쓴 바와 같이 오푸스데이의 사도직에 대한 열의는 끝이 보이지 않는 바다와 같기 때문입니다.

하지만, 여러분의 참석이 긴 강연보다 더 설득력이 크기 때문에 제가 이에 대해 더 말씀을 드리지 않아도 되겠습니다. 나바라 대학교의 친구인 바로 여러분이 자신이 속한 사회의 발전에 전념하는 국민들의 한 부분입니다. 여러분들의 애정 어린 격려, 기도, 희생, 공헌은 가톨릭 분파주의로 하는 것이 아닙니다. 여러분들의 협력은 바르게 형성된 시민적 양심의 명백한 증거이며, 이 시민 의식은 일반적인 속세적 공익과 관련이 있습니다. 여러분은 한 대학교가 시민들의 힘으로 생겨날 수 있고, 또 시민들에 의해 유지될 수 있다는 사실의 목격자인 것입니다.

이 기회에 나바라 대학교에 많은 도움을 주시는 분들께 다시 한번 감사를 드리고 싶습니다. 팜플로나시와 나바라 지방 관계자 여러분, 스페인 전역에 계신 나바라 대학교의 친구들께 감사드립니다. 특별히 외국인분, 또 가톨릭 신자나 그리스도교 신자가 아니시면서 이 사업의 의도와 정신을 이해해 주시고, 그것을 행동으로써 보여주신 분들께 더욱 감사드립니다. 이 모든 분 덕분에 나바라 대학교는 시민의 자유, 지성의 준비, 직업적 발전의 장으로서 날로 성장하고 있으며, 대학 교육을 장려하는 불씨가 되었습니다.

여러분의 후한 희생이 인간적 학문, 사회 복지, 신앙 교육의 발전을 추구하는 이 사업의 기초입니다.

제가 방금 말씀드린 이것을 나바라의 시민들이든 분명하게 이해하셨고, 또한 이 대학교가 이 지역에서 경제적으로도 많은 도움이 되며, 특히 이곳의 자녀들에게 그동안은 어렵거나 때로는 불가능했던 지적 분야의 직업을 가질 수 있는 기회를 제공하여 지역사회 발전에 이바지한다는 점을 인식하셨습니다.

이처럼 우리 대학이 그분들의 삶에 어떤 역할을 할 것인지를 이해하셨기에 나바라 지방에서는 처음부터 우리 대학을 후원해 주셨고, 점점 더 열성적으로 많은 지지를 보내 주고 있습니다.

나바라 대학교를 운영하는 일은 사익을 추구하는 것이 아니라, 반대로 온전히 사회적 봉사에 전념하는 사업입니다. 또 이 나라의 현재와 미래의 번영을 위하여 효과적으로 일하고자 하는 사업입니다. 저는 언젠가 스페인 정부가 이 사업의 짐을 덜어 주기 위해 무언가 기여하는 때가 오리라는 희망을 계속해서 품고 있습니다. 그렇게 하는 것이 정의에도 부합하고, 이미 다른 나라에서는 그런 일이 일어나고 있기 때문입니다.

이 세상을 열정적으로 사랑하며

귀족적인
인간애

Noble Human Love

그리고, 여러분, 지금 이제 제가 소중히 여기는, 일상생활에의 따른 또 다른 차원 부분에 대해서도 말씀드리고 싶습니다. 바로 인간적인 사랑입니다. 한 남자와 한 여자 간의 숭고한 순결한 사랑, 즉 연인 애인들과 부부들의 사랑에 대한 말씀입니다. 이 거룩한 인간적 사랑은 단지 진실된 영적 활동과 함께여야만 허가되거나 용인되는 것이 아닙니다. 제가 전에 언급했던 잘못된 영성에 의해 그렇게 생각될 수 있지만 말입니다. 저는 40년 동안 말과 글을 통해 이와 정반대되는 것을 가르쳐 왔고, 이제는 전에 이해하지 못했던 이들도 이 사실을 깨닫기 시작했습니다.

바로 혼인과 가정으로 이끄는 사랑 또한 아름답고 거룩한 길이요, 성소이며 하느님께 자신을 온전히 봉헌하는 길입니다. 인간적 사랑으로 둘러싸인 활기찬 영역에서 제가 말씀드린 것들, 곧 완전한 정신으로 일하기, 매일 작은 일에 사랑을 불어넣기, 사소한 일에 숨어 있는 '거룩한 것'을 발견하기가 특별히 잘 이루어질 수 있습니다.

이 세상을 열정적으로 사랑하며

나바라 대학교의 교수, 학생, 교직원 여러분 모두가 아시듯이 저는 여러분의 사랑을 아름다운 사랑의 어머니, 성모마리아께 바쳤습니다. 그리고 이 캠퍼스에는 우리가 기도하며 지은 경당이 있습니다. 그곳에서 여러분은 성모님께 기도하실 수도 있고, 성모님이 축복하실 여러분의 놀랍고도 순수한 사랑을 바칠 수도 있을 것입니다.

"여러분의 몸이 여러분 안에 계시는 성령의 성전임을 모릅니까? 그 성령을 여러분이 하느님에게서 받았고, 또 여러분은 여러분 자신의 것이 아님을 모릅니까(1코린 6,19)?" 여러분은 아름다운 사랑의 어머니, 복되신 동정녀의 성상 앞에서 사도 바오로의 이러한 물음에 얼마나 자주 기쁨에 찬 확언으로써 답하시겠습니까! 예! 그것을 알고 있고, 당신의 강한 도우심으로 그것을 살고자 합니다. 천주의 성모 동정 마리아 님!

이 세상을 열정적으로 사랑하며

매번 이 감명 깊은 사실을 곰곰이 생각하실 때마다 여러분의 마음 안에서 묵상 기도가 나올 것입니다. '나의 몸처럼 물질적인 곳이 성령께서 머무실 장소로 선택받았다. 나는 더 이상 나 자신의 것이 아니다. 나의 몸과 영혼, 나의 모든 것이 하느님의 것이다.' 그리고 이러한 기도는 사도 바오로가 제안한 위대한 결과로부터 파생된 여러 실제적인 결과들을 풍성하게 만들어 낼 것입니다. "그러니 여러분의 몸으로 하느님을 영광스럽게 하십시오(1코린 6,20)."

또 한편으로, 우리가 방금 인간적 사랑에 대해 생각해 본 바를 깊게 이해하고, 그것을 중요하게 생각하는 사람들만이 예수님께서 독신에 관하여 하신 말씀을 소중히 여길 수 있다는 것을 여러분도 이해하실 겁니다(참조 마태오 19,11). 독신은 세속적인 사랑의 중재 없이 일치된 마음으로 자신의 육체와 영혼을 바칠 수 있도록 해 주는 하느님의 온전한 선물입니다.

이 세상을 열정적으로 사랑하며

일상생활에서 거룩함

Holiness in Everyday Life

이제 마쳐야겠습니다. 처음에 제가 하느님의 위대함과 자비에 대해 말씀드릴 거라고 했습니다. 일상생활을 거룩하게 살라는 말씀을 해드렸으니 이에 응했다고 생각합니다. 세상 한가운데에서의 거룩한 삶, 소리를 내지 않고 소박하고 진실하게 사는 삶. 이러한 삶이야말로 오늘날 하느님의 "위대하신 권능(집회 18,5)"과 그분께서 늘 보여 주셨던 놀라운 자비의 가장 생생한 표현이 아니겠습니까? 또한 이 세상을 구원하기 위해 그쳐서는 안 되는 삶의 형태가 아니겠습니까?

이제 시편으로 드리는 저의 기도와 찬미에 여러분도 함께하시기를 바랍니다. "너희는 나와 함께 주님을 칭송하여라. 우리 다 함께 그분 이름을 높이 기리자(시편 34,4)." 하느님께 사랑받는 여러분, 다시 말하자면, 믿음으로 삽시다.

조금 전 말씀 전례에서 들은 독서인 에페소 신자들에게 보낸 서간에서 성 바오로가 말씀하셨듯이(6,11-17) 믿음의 방패를 잡고, 구원의 투구를 받아쓰고, 성령의 칼을 받아 쥡시다. 성령의 칼은 하느님의 말씀입니다.

믿음은 우리 그리스도인들에게는 매우 필요한 덕입니다. 특별히 올해는 사랑하올 바오로 6세 교황 성하께서 선포하신 '신앙의 해'입니다. 믿음이 없으면 일상생활에서 거룩함을 찾을 기반이 없어집니다.

　　지금, 이 순간 살아 있는 믿음이 필요합니다. 우리는 지금 "믿음의 신비(1티모 3,9)"인 거룩한 성체성사에 가까이 가고 있기 때문입니다. 또 우리가 지금 인간에 대한 하느님의 자비를 압축해서 보여 주는 것이며, 그 자비를 실행하는 우리 주님의 파스카에 참여하려고 하기 때문입니다.

　　자녀 여러분, 잠시 후 이 제대 위에서 우리의 구원 사업이 갱신될 것임을 깨닫기 위해 믿음이 필요합니다. 또 신경을 음미하기 위하여, 이 제대 위에서와 이 미사 안에서 그리스도의 현존을 체험하기 위하여 믿음이 필요합니다. 그리스도께서는 우리를 "한마음 한뜻(사도 4,32)"이 되게 하여 주시고, 한 가족이 되게 하여 주십니다. 또한 우리를 하나이고 거룩하고 보편 되며 사도로부터 이어오는 교회, 곧 우리에게는 보편적이라는 것과 같은 의미인 로마 가톨릭교회에 속하게 하여 주십니다.

이 세상을 열정적으로 사랑하며

마지막으로, 사랑하는 여러분, 거룩한 일상생활이라는 증언을 온 인류에게 보여 줌으로써, 이 모든 것이 그저 의식과 말에서 끝나는 것이 아니라 거룩한 현실이라는 것을 세상에 보여 주기 위하여 믿음이 필요합니다.

　　성부와 성자와 성령의 이름으로.
　　성모님의 이름으로 빕니다. 아멘.

부속

성 호세마리아 에스크리바의 생애

오푸스데이 설립자(1902~1975)

축일: 6월 26일

성 호세마리아 에스크리바는 1902년 1월 9일 스페인 북부 바르바스토르에서 출생했다. 형제자매는 누나 카르멘(1899~1957), 남동생 산티아고(1919~1994) 외 여동생 3명이 있었으나 모두 어린 나이에 선종했다. 그의 아버지 호세와 어머니 돌로레스는 자녀들에게 돈독한 그리스도의 교육을 시켰다.

1915년 부친의 방직사업이 도산, 가족과 로그로뇨로 이사하였으며 그곳에서 처음으로 하느님의 부르심을 알게 되었다. 그는 어느 수도자의 눈 위의 맨발 자국을 목격한 후 정확하지는 않으나 하느님께서는 그에게 무엇인가를 원하신다는 것을 느끼게 되었다. 그는 사제가 되면 하느님의 뜻을 더 쉽게 알 수 있을 것 같다는 일념에 사제가 되기로 결심하고 1918년 로그로뇨 신학교에서 성직을 위한 신학공부를 시작하였으며, 계속해서 사라고사의 성 프란치스코 데 파우라 신학교에서 공부하였다. 1923년 신학 공부와 함께 교회 장상의 허락을 받아 사라고사 대학교에서 시민법도 공부하였다.

1924년 부친이 돌아가시자 호세마리아는 가장이 된다. 그는 1924년 12월 20일 부제품을 받고, 1925년 3월 28일 사제가 되어 사라고사 교구의 벽촌인 페르디게라에서 사목을 시작하였다. 후에는 사라고사에서도 사목했다. 1927년 봄, 사라고사 대주교의 허락을 받아 시민법 박사 학위를 취득하기 위해 마드리드로 옮겼다. 1928년 10월 2일 마드리드에서 피정을 하던 중 하느님께서 그때까지 암시에 지나지 않던 것을 명확히 보여주셨다. 그리하여 오푸스데이가 설립되었다. 그날부터 그는 그곳에서 빈민들, 불치병 환자들, 죽어가는 이들 등 각계각층의 사람들 위해 사도직을 수행하며 오푸스데이 발전을 위해 열심히 일하였다.

1936년 스페인 내전으로 종교박해가 심해졌지만 피난 생활 속에서도 수도 마드리드를 탈출할 때까지 은밀히 사제직을 수행하였다. 그 후 그는 피리네오 산맥을 통해 북부 지방인 부르고스로 탈출하였다.

이 세상을 열정적으로 사랑하며

1939년 내전이 끝나자 그는 마드리드로 돌아가 시민법 박사학위를 취득할 수 있었다. 그 후 수년 동안 수많은 평신도, 사제와 수도자들에게 피정 지도 신부로 활동했다.

1946년 그는 로마에 거처를 정한다. 그곳 교황청립 라테라노 대학교에서 신학 박사 학위를 취득하고 교황청 신학 학술 명예 회원과 제2차 바티칸 공의회(1962~1965) 자문 위원으로 임명되었으며, 교황청 성직자성 고문이었다. 교황 비오 12세에 의해 교황의 명예 고위 성직자(몬시뇰)로 임명되었다. 그는 오푸스데이의 발전을 위해 유럽의 여러 나라를 순방하였다(1970년에는 멕시코). 1974년과 1975년에도 중미와 남미를 순방하여 수많은 사람과 모임을 가졌다.

성 호세마리아 에스크리바는 1975년 6월 26일에 선종하였다. 전 세계 주교 3분의 1이 넘는 1,300여 명의 주교들을 포함하여 세계 각지 수천 명의 사람들이 교황께 에스크리바의 시복시성심사를 청원하였다. 교회법에 따라 1981년 교황청 시성성에서 심사가 개시되었다.

1992년 5월 17일, 시복식이 성 요한 바오로 2세 교황의 집전으로 로마 성 베드로 광장에서 거행되었다. 그 시복식에서 교황께서는 강론에서 이렇게 말씀하셨다. "복자 호세마리아는 항상 영적인 시각으로 모든 사람이 거룩함을 추구하면서 살아야 한다는 것과 모든 이들이 사도직에 부르심을 받고 있다는 메시지를 쉼 없이 가르쳤습니다."

2002년 10월 6일, 성 요한 바오로 2세 교황께서는 성 베드로 광장에서, 오푸스데이의 설립자, 성 호세마리아 에스크리바의 시성식을 집전하셨다. 그 시성식 강론에서 교황께서는 "성 호세마리아는 일상생활 안에서, 특별히 직업 활동을 성화시킬 수 있다는 것을 알리기 위해 하느님으로부터 선택을 받았으며, 일상생활에서 찾을 수 있는 보통 사람들의 성인입니다."라고 말씀하셨다.

오푸스데이의
정신

오푸스데이는 사람들이 각자 자신의 일터와 가정, 그리고 일상적인 활동 속에서 그리스도를 발견하도록 도와주고자 합니다.

제2차 바티칸 공의회에서 언급된 바 있듯이 세례 받은 모든 이들은 복음에 따라 생활하고 또 복음을 다른 이들에게 전함으로써 예수 그리스도를 따라야 할 소명이 있습니다. 오푸스데이의 목적은 모든 계층의 그리스도인들 가운데서 평범한 일상생활 속에서 각자 자신의 일을 성화시킴으로써 자신들의 신앙에 온전히 일치한 삶을 증진시키면서 성교회의 선교사명에 기여하도록 하는 것입니다.

오푸스데이 정신의 주요 특성은 다음과 같습니다.

이 세상을 열정적으로 사랑하며

거룩한 자녀로서의 지위

"거룩한 자녀로서의 신분은 오푸스데이 정신의 기초입니다."라고 창설자 호세마리아 에스크리바 성인은 말하였습니다. 그리스도인은 세례를 통해서 하느님의 자녀가 됩니다. 그러므로 오푸스데이에 의해서 제공되는 양성 과정은 그리스도 신자들에게 자신들이 하느님의 자녀라는 깊은 인식을 심어주고 그에 알맞게 행동하도록 하고자 하는데 특징이 있습니다. 따라서 양성 과정을 통해서 하느님의 섭리에 대한 확신, 하느님과 대화에서의 단순성, 인간 각자의 존엄성에 대한 깊은 인식, 하느님에 의해서 창조된 세상 만물과 인간의 모든 실재성에 대한 그리스도인다운 참 사랑 그리고 침착함과 낙관적인 태도 등이 고양됩니다.

일상생활

　"우리가 하느님과 인류에게 봉사하면서 우리 자신을 성화시키는 것은 바로 이 세상에서 가장 구체적이고 물질적인 것들 속에서입니다."라고 호세마리아 성인은 말하였습니다. 가정, 결혼생활, 우리의 모든 활동 들은 애덕, 인내, 겸손, 근면, 성실성, 명랑성 그리고 다른 모든 인간적 덕 및 그리스도교적 덕목들을 실천하도록 노력하면서 예수 그리스도를 본받아 그분처럼 행동하는 기회인 것입니다.

성화 활동

　거룩한 활동이란 예수 그리스도의 정신에 따라 활동하는 것을 의미하는 것으로, 하느님을 사랑하고 이웃에 봉사하는 정신으로 유능하면서도 윤리적으로 활동함으로써 세상을 내부로부터 성화시켜서 모든 활동 속에, 그것이 드러난 것이든 겸손되이 감추어진 것이든지, 복음 정신이 현존하도록 하는 것입니다. 하느님의 눈에 중요한 것은 인간적인 성공이 아니라 활동에 내재된 사랑입니다.

이 세상을 열정적으로 사랑하며

기도와 희생

오푸스데이의 양성과정은 각자의 직업적 활동을 성화시키려는 노력을 지속시키기 위해서 기도와 희생이 필요하다고 격려하고 있습니다. 그러므로 회원들은 자신들의 생활 속에 기도나 매일 미사, 고백성사 및 복음 묵상과 같은 그리스도 신앙을 고취시키는 행위들을 통합시키도록 노력하게 됩니다. 성모님께 대한 신심은 회원들 마음 속에서 중요한 위치를 차지하고 있습니다. 또한, 예수 그리스도를 본받기 위해서 회원들은 극기의 정신으로 희생하며, 특히 자신들이 의무를 충실히 다하고 타인들을 위해서 보다 기쁜 생활을 할 수 있도록 도움을 주는 작은 기쁨을 포기하기, 단식하기, 자선하기 등의 활동 들을 행합니다.

이 세상을 열정적으로 사랑하며

생활의 일치

호세마리아 성인은 이 세상에서 일하는 그리스도인들이 자칫 '이중적인 생활'에 빠지지 않도록 해야 한다고 가르친 적이 있습니다. 다시 말해서 한편으로는 하느님과 일치된 내적인 생활을 하고, 다른 한편으로는 그것과는 유리된 직장 및 사회 그리고 가정생활을 하는 삶 말입니다. 이와는 반대로 "영과 육으로 이루어진 단 하나의 삶만이 있을 따름입니다. 그리고 이 삶은 영혼과 육신 모두 거룩하고 하느님으로 가득 차게 되어야 합니다."라고 성인은 말하고 있습니다.

이 세상을 열정적으로 사랑하며

자유

오푸스데이 회원들은 다른 여느 시민들처럼 같은 권리를 향유하고 같은 의무에 종속된 평범한 시민들입니다. 그들은 자신들의 일터와 가정 속에서, 정치적, 재정적 또는 문화적 활동 속에서 자유와 개인적인 책임성을 가지고 활동하고 있으며 자신들 고유의 결정에 있어서 가톨릭교회나 오푸스데이를 끌어들이지 않으며, 그러한 결정들을 가톨릭이 제시할 수 있는 유일한 해법이라는 식으로 제시하지 않습니다. 이는 자유와 다른 사람들의 의견을 존중하는 태도를 나타내는 것입니다.

이 세상을 열정적으로 사랑하며

애덕

그리스도를 만나는 것은 결코 나누어도 끝이 없는 보화를 발견하는 것입니다. 그리스도인들은 예수 그리스도의 증인이며 자신의 이웃들에게 말과 모범으로 그분의 희망의 메시지를 전하는 이들입니다. "우리의 동료와 친구 그리고 친척들과 함께 그들의 관심사를 함께 함으로써 우리는 그들이 그리스도께 더 가까이 다가갈 수 있도록 도와줄 수 있습니다."라고 호세마리아 성인은 말하고 있습니다. 다른 이들도 그리스도를 알도록 하고자 하는 소망, 그것은 바로 애덕의 직접적인 결과(다시 말해서, 모든 것들 위에 하느님을 사랑하고 이웃을 자기 자신처럼 사랑하기)로서 이웃의 물질적인 필요와 이웃이 처한 사회적인 어려움에 대한 해결책을 모색하는 데 기여하고자 하는 열망과 유리될 수 없는 것입니다.

이 세상을 열정적으로 사랑하며

오푸스데이 홈페이지 : www.opusdei.or.kr